BEI GRIN MACHT SICH IHR WISSEN BEZAHLT

- Wir veröffentlichen Ihre Hausarbeit, Bachelor- und Masterarbeit

- Ihr eigenes eBook und Buch - weltweit in allen wichtigen Shops

- Verdienen Sie an jedem Verkauf

Jetzt bei www.GRIN.com hochladen und kostenlos publizieren

Bibliografische Information der Deutschen Nationalbibliothek:

Die Deutsche Bibliothek verzeichnet diese Publikation in der Deutschen Nationalbibliografie; detaillierte bibliografische Daten sind im Internet über http://dnb.d-nb.de/ abrufbar.

Dieses Werk sowie alle darin enthaltenen einzelnen Beiträge und Abbildungen sind urheberrechtlich geschützt. Jede Verwertung, die nicht ausdrücklich vom Urheberrechtsschutz zugelassen ist, bedarf der vorherigen Zustimmung des Verlages. Das gilt insbesondere für Vervielfältigungen, Bearbeitungen, Übersetzungen, Mikroverfilmungen, Auswertungen durch Datenbanken und für die Einspeicherung und Verarbeitung in elektronische Systeme. Alle Rechte, auch die des auszugsweisen Nachdrucks, der fotomechanischen Wiedergabe (einschließlich Mikrokopie) sowie der Auswertung durch Datenbanken oder ähnliche Einrichtungen, vorbehalten.

Impressum:

Copyright © 2010 GRIN Verlag, Open Publishing GmbH
Druck und Bindung: Books on Demand GmbH, Norderstedt Germany
ISBN: 978-3-668-21563-4

Dieses Buch bei GRIN:

http://www.grin.com/de/e-book/322377/wittgensteins-neffe-krankheitsdarstellung-bei-thomas-bernhard

Anonym

"Wittgensteins Neffe". Krankheitsdarstellung bei Thomas Bernhard

GRIN - Your knowledge has value

Der GRIN Verlag publiziert seit 1998 wissenschaftliche Arbeiten von Studenten, Hochschullehrern und anderen Akademikern als eBook und gedrucktes Buch. Die Verlagswebsite www.grin.com ist die ideale Plattform zur Veröffentlichung von Hausarbeiten, Abschlussarbeiten, wissenschaftlichen Aufsätzen, Dissertationen und Fachbüchern.

Besuchen Sie uns im Internet:

http://www.grin.com/

http://www.facebook.com/grincom

http://www.twitter.com/grin_com

Sommersemester 2010

Krankheitsdarstellung bei Thomas Bernhards mit Besonderem Schwerpunkt auf Wittgensteins Neffe

04. Fachsemester
Studiengang: L.A. Deutsch & Geographie

Inhalt

- Inhalt 2
- 1. Einführung 3
- 2. Krankheitsmotive bei Thomas Bernhard 3
- 3. Krankheit in der Gesellschaft 4
- 4. Krankheitsdarstellungen in „Wittgensteins Neffe" 5
- 5. Paul Wittgenstein 5
- 6. Thomas Bernhard 7
- 7. Unterschiede & Gemeinsamkeiten der beiden Protagonisten 8
- 8. Fazit 10
- 9. Literaturverzeichnis 12

1. Einführung

Bei dem Lesen von Thomas Bernhards Texten fällt schnell auf, dass die zentralen Schnittstellen zwischen allen Werken die Verwendung von negativen Motiven wie Krankheiten, Tod und Vernichtung sind.[1] Aus diesem Grund wird die Grundstimmung in seinen Schriften oft als düster, schwarz und melancholisch wahrgenommen. Der Grund dafür, dass Thomas Bernhard in seinen Werken das Motiv der Krankheit so oft einbringt liegt unter anderem daran, dass er selber und auch in seiner Familie viele Krankheitsgeschichten ertragen und miterleben musste.[2]

In dieser Seminararbeit möchte ich herausarbeiten wie Thomas Bernhard in seinen Werken mit dem Thema Krankheit umgeht. Ich möchte untersuchen wie er die Krankheiten darstellt, ob eine Differenzierung der unterschiedlichen Krankheiten vorgenommen werden muss und mit welchen Motiven er Diese verwendet. Die zwei Protagonisten in dem Werk „Wittgensteins Neffe" von Thomas Bernhard werde ich anschließend in die herausgearbeiteten Muster versuchen einzuordnen, ihre Krankheiten darstellen und sie miteinander vergleichen.

2. Krankheitsmotive bei Thomas Bernhard

Die Figuren in Thomas Bernhards Werken leiden fast ausnahmslos an Krankheiten. Die Arten und Erscheinungsformen sind dabei so variabel und zahlreich, dass sie von körperlichen bis geistigen, von erlittenen bis eingebildeten, sowie von leichten bis schweren Krankheitsformen reichen. Bei dieser Varianz und Fülle könnte die komplette dargestellte Welt als krank bezeichnet werden.[3]

Jede einzelne Person ist auf ihre Art von Krankheit gezeichnet und muss mit ihr leben. Dadurch dass alle Personen eine Krankheit besitzen kann keine Einteilung in Gesunde und Kranke Menschen erfolgen. Die Differenzierung muss viel mehr in unterschiedliche Stufen und Formen des Krankseins und eine entsprechende Typologisierung von Krankheit und Kranken erfolgen. So kann eine Unterscheidung der Kranken in „Geistesmenschen" und „Gefühls- und Tatmensch" durchgeführt werden.[4]

Die Krankheiten können an sich in körperliche und psychische Krankheiten unterteilt werden. Weiterhin ist auffällig, dass eine Krankheit für einen Geistesmenschen eine andere Bedeutung hat als für einen Menschen aus dem normalen Bürgertum. Für den Gefühls- und

---

[1] Vgl. Schmidt-Dengler: Der Übertreibungskünstler, S.7.
[2] Vgl. Jurdzinski: Leiden an der „Natur", S.109.
[3] Vgl. Jahraus: Das monomanische Werk, S.145.;
    Die Wiederholung als werkkonstitutives Prinzip im Oeuvre Thomas Bernhards, S.91.
[4] Vgl. Anz: Gesund oder Krank?, S.162.

Tatmensch bedeutet seine Krankheit eine Beeinträchtigung seiner Lebensweise. Die Krankheit stellt eine Last dar. Für den Geistesmenschen hingegen ist die Krankheit eine Chance um eine Steigerung seines Weltverstehens zu erlangen.[5]

Der Geistesmensch verbindet seine Krankheit mit seiner Geistigkeit und sieht die Welt noch klarer. So heißt es in „der Atem":„Der Kranke ist der Hellsichtige, keinem anderen ist das Weltbild klarer".[6]

Die Krankheit wird somit als Erkenntnisdisposition und Existenzsteigerung positiv für den Geistesmenschen angesehen.[7] Die Krankheit bzw. der Tod als Krankheitsfolge gibt dem Geistesmenschen neuen Lebenswillen und er bekommt die Möglichkeit sich seiner Existenz bewusst zu werden.[8] Wichtig ist dabei allerdings, dass er nicht total in die sogenannte „totale Verrücktheit" abdriftet.[9]

Die Geistigkeit stellt nur einen dünnen Pfad da und der Geistesmensch muss aufpassen, dass er diesen nicht verlässt beziehungsweise die Grenze zum Wahnsinn nicht überschreitet.[10] Dennoch merken die Geistespersonen nicht wann sie die Grenze zu dem Wahnsinn hin übertreten.[11]

Der Geistesmensch sieht die Gesellschaft und auch seine komplette Umwelt als krankhaft an. Er leidet mehr an seiner kranken Umwelt, als an seinen eigenen Krankheitssymptomen.[12]

Die körperlichen Krankheiten werden als krisenhaftes Durchgangsstadium zu einer qualitativ höher stehenden Form von Existenz, zu einer 'eigentlichen Gesundheit' gesehen.[13]

3. Krankheit in der Gesellschaft

Der Geistesmensch wird durch seine Krankheit von der Gesellschaft der Gesunden ausgeschlossen und isoliert. Dies geschieht auch daher, da er fern ab der Gesellschaft zum Beispiel im Krankenhaus oder in einer Psychiatrie untergebracht ist.[14]

Die Gesunden wollen aus dem sogenannten „Selbsterhaltungstrieb" nichts mehr mit den Kranken zu tun haben. Auch dann nicht, wenn Diese wieder gesund sind und heimkehren.[15]

Die Kranken treten ihr Recht auf ihren Platz in der Gesellschaft ab sobald sie die Gesellschaft

---

[5] Vgl. Jahraus: Das monomanische Werk, S.148.
[6] Vgl. Bernhard: Der Atem, S.45.
[7] Vgl. Jahraus: Das monomanische Werk, S.149.
[8] Vgl. Jahraus: Die Wiederholung als werkkonstitutives Prinzip im Oeuvre Thomas Bernhards, S.92.
[9] Vgl. Fraund: Bewegung – Korrektur – Utopie, S.93.
[10] Vgl. Jahraus: Das monomanische Werk, S.149.
[11] Vgl. Fraund: Bewegung – Korrektur – Utopie, S.91.
[12] Vgl. Jahraus: Die Wiederholung als werkkonstitutives Prinzip im Oeuvre Thomas Bernhards, S.93.
[13] Vgl. Anz: Gesund oder Krank?, S. 161.
[14] Vgl. Jahraus: Die Wiederholung als werkkonstitutives Prinzip im Oeuvre Thomas Bernhards, S.93.
[15] Vgl. Mittermayer: Thomas Bernhard, S.109.

der Gesunden verlassen. Ihren Platz in der Gemeinschaft müssen sie sich, falls sie gesund wiederkehren, mühsam wieder erarbeiten.[16]

Kranke, und besonders Geisteskranke werden aus der Gesellschaft ausgeschlossen, da sie nicht der alltäglichen Norm entsprechen und durch ihre Andersartigkeit, sprich ihrer Krankheit gegen die gemein herrschende Moral der Normalität verstoßen, welche lautet: gesund = gut und krank = schlecht und böse.[17]

Die Kranken werden von den Gesunden allein gelassen und die angebliche Hilfe, welche von der Gesellschaft angeboten wird, stellt meistens lediglich neue Hindernisse dar und ist eine Gewissensberuhigung.

In „Wittgensteins Neffe" wird außerdem geschrieben: „Die Kranken verstehen die Gesunden nicht, wie umgekehrt die Gesunden nicht die Kranken und dieser Konflikt ist sehr oft ein tödlicher...".[18]

Das Problem für den kranken Geistesmenschen ist es auch, dass er die gesunde Gesellschaft als die allumfassende Krankheit ansieht.[19]

In Thomas Bernhards „Wittgensteins Neffe" ist auch die Isolierung der Protagonisten von der Außenwelt, beziehungsweise von der bürgerlichen Gesellschaft zu erkennen. Weiterhin ist die im vorherigen Kapitel beschriebene Gradwanderung zwischen Geistigkeit und Wahnsinn eines der zentralen Themen des Stückes. Aus diesen Gründen möchte ich nun näher auf das Werk „Wittgensteins Neffe" von Thomas Bernhard eingehen.

4. Krankheitsdarstellungen in „Wittgensteins Neffe"

In dem Werk stehen sich zwei Protagonisten gegenüber. Auf der einen Seite der Ich Erzähler Thomas Bernhard und auf der anderen Seite Paul Wittgenstein, der Neffe des berühmten Philosophen Ludwig Wittgenstein. Krankheiten sind in dem Werk allgegenwertig. So leiden beide Protagonisten an verschiedenen Krankheiten und der Beginn des Buches spielt in einem Krankenhaus in welchem beide Charaktere zurzeit in unterschiedlichen Pavillons untergebracht sind.

5. Paul Wittgenstein

Paul Wittgenstein ist der Neffe des berühmten Philosophen Ludwig Wittgenstein. Paul besitzt seit seiner Geburt eine Geisteskrankheit, welche sich aber erst ab dem 35 Lebensjahr

---

[16] Vgl. Mittermayer: Thomas Bernhard, S.109.
[17] Vgl. Fraund: Bewegung – Korrektur – Utopie, S.83.
[18] Vgl. Bernhard: Wittgensteins Neffe, S.76.
[19] Vgl. Jahraus: Die Wiederholung als werkkonstitutives Prinzip im Oeuvre Thomas Bernhards, S.93.

bemerkbar machte. Die Krankheit konnte aber nie von den Ärzten näher identifiziert werden. Es wurden mit den Jahren immer neue und widersprüchliche Namen und Diagnosen für Pauls Krankheit gefunden, welche sich als falsch herausstellten.[20]

Paul wird jährlich mindestens zweimal in die Irrenanstalt „Am Steinhof" eingeliefert, wenn er sich in einem seiner sogenannten kritischen Zustände befindet. Paul befallen zum Beispiel Umarmungsanfälle, in welchem er die andere Person zitternd und heftig umfasst.[21]

Es wird beschrieben, dass er sich auf dem Land und in der Klinik weitestgehend von seiner Krankheit erholen kann. Dennoch hält er es auf dem Land nicht lange aus und es zieht ihn wieder in die Stadt Wien, bis dort wieder die ersten Anzeichen seiner Krankheit auftreten. Daraus lässt sich schlussfolgern, dass ihn der Stress, die Bürger beziehungsweise die Gesellschaft in der Großstadt Wien krank machen oder jedenfalls die Symptome seiner Krankheit hervorrufen. Dieser Drang den Ort zu wechseln kann auch als ein Teil Pauls Krankheitsbild gedeutet werden und wird von Anz als „…krankhafte Unstetigkeit" bezeichnet.[22]

Auch leidet Paul an der sogenannten „Zählkrankheit". Diese macht ihm das Straßenbahnfahren unerträglich, da er die Zwischenräume der Gebäudefenster zählen will/muss, die Straßenbahn aber zu schnell ist. Auch betritt Paul Pflastersteine nach System und nicht einfach wahllos.[23]

Weiterhin war Paul zeitweise ein exzessiver Trinker gewesen, was seinen Krankheitsprozess beschleunigen ließ. Sechs Jahre vor seinem Tod hörte er abrupt mit dem Trinken auf und Thomas Bernhard schreibt, dass dies Pauls Leben 3-4 Jahre verlängert hat.[24]

Eine Vorliebe von Paul ist es zusammen mit Thomas Bernhard andere Leute zu beobachten, ohne selber gesehen zu werden.[25]

Paul Wittgenstein kann als ein Geistesmensch beschrieben werden, welcher eine Gratwanderung zwischen geistiger Vollkommenheit und Verrücktheit praktiziert. Er profitiert von seiner Geisteskrankheit, da er durch sie zu höherer Geistigkeit gelangt. So wird er von dem Ich- Erzähler Thomas Bernhard als ein ununterbrochen Philosophierender bezeichnet.[26]

Auch wird er von Thomas Bernhard mit Ludwig Wittgenstein auf eine Stufe gestellt. Der Unterschied sei nur, dass Ludwig der Veröffentlicher seiner Philosophie war und Paul die Philosophie nur in seinem Kopf praktiziert habe.[27]

---

[20] Vgl. Bernhard: Wittgensteins Neffe, S.12ff.
[21] Vgl. Bernhard: Wittgensteins Neffe, S.54f.
[22] Vgl. Anz: Gesund oder Krank?, S. 166.
[23] Vgl. Bernhard: Wittgensteins Neffe, S.145f.
[24] Vgl. Bernhard: Wittgensteins Neffe, S.57f.
[25] Vgl. Bernhard: Wittgensteins Neffe, S.100.
[26] Vgl. Bernhard: Wittgensteins Neffe, S.98.
[27] Vgl. Bernhard: Wittgensteins Neffe, S.45.

Paul lebt, bis zu ihrem Tod, mit seiner Ehefrau Edith zusammen. Von seiner reichen Familie ist er „ausgeschieden", verachtet und wird als Narr und Unbrauchbarer bezeichnet. Aber auch der Philosoph Ludwig Wittgenstein wird von der Familie aufs äußerste verachtet und man schämt sich für ihn.[28] Der Grund, dass beide von der Familie ausgestoßen wurden besteht darin, dass Paul und auch Ludwig durch ihre Verrücktheit von der Norm abweichen. Die gesunde Familie möchte aus diesem Grund nichts mit den Kranken zu tun haben und verachtet sie.

Paul ist aber auch in der übrigen gesunden Gesellschaft nicht integriert. Seine einzigen wirklichen Freunde sind Irina, bis sie aus der Großstadt wegzieht und Thomas Bernhard, welcher aber auch nicht zu der gesunden Gesellschaft gezählt werden kann.

6. Thomas Bernhard

Hauptfigur in dem autobiographischen Werk „Wittgensteins Neffe" ist der Ich- Erzähler Thomas Bernhard selber. Er selbst bezeichnet sich als einen „routinierter Kranker", welcher sein Leben lang mit sogenannten „unheilbaren Krankheiten" leben musste. Er leidet unter einer schweren Lungenkrankheit, welche ihm sein Leben einschränkt.[29]

So ist es ihm durch diese Lungenkrankheit nicht möglich dauerhaft in einer Großstadt zu leben. Dies liegt an der schlechten Luft in der Großstadt. Deshalb ist er gezwungen zwischen Wien und „Nathal", seinem Heimatort, welcher auf dem Land liegt, zu pendeln. Thomas Bernhard beschreibt sich als einen Großstadtmenschen und fühlt sich in „Nathal" isoliert und unwohl. Auch er besitzt eine krankhafte Unstetigkeit, sodass er ausschließlich dort hin möchte, wo er im Moment nicht ist. So ist er nur zwischen den Orten glücklich und vermag es in keinem längere Zeit auszuhalten.[30]

Thomas Bernhard bezeichnet sich als Geistesmenschen und sieht das Land als tödlich an. Auf dem Land könne der Geist sich niemals entwickeln, da das Land nur nehme und aussauge. Die Großstadt hingegen fördere den Geist und der Kopf müsse durchgängig gebraucht werden. Das sei der Grund wieso viele Leute auf das Land fliehen.[31]

Der Ich-Erzähler hasst die Natur und geht sehr ungern spazieren. Begründet wird der Hass zur Natur darin, dass er selbst am Körper die Bösartigkeit und Unerbittlichkeit der Natur erfahren musste.

Auch Thomas Bernhard besitzt einen Drang zu zählen, wobei er dennoch befähigt ist zum Beispiel mit Straßenbahnen zu fahren, da er einfach auf den Boden schaut.

---

[28] Vgl. Bernhard: Wittgensteins Neffe, S.103f.
[29] Vgl. Bernhard: Wittgensteins Neffe, S.16.
[30] Vgl. Bernhard: Wittgensteins Neffe, S.141ff.
[31] Vgl. Bernhard: Wittgensteins Neffe, S.124ff.

Eine weitere krankhafte Facette ist die Hassliebe des Thomas Bernhard zu den Wiener Kaffeehäusern. Die sogenannte „Kaffeehausaufsuchkrankheit" lässt ihn täglich das verhasste Objekt aufsuchen. Diese Sucht sei seine unheilbarste Krankheit und an ihr würde er am meisten leiden. Der Grund für den Hass auf die Kaffeehäuser lässt sich damit erklären, da diese Häuser von vielen Literaten aufgesucht werden und Thomas Bernhard seinesgleichen nicht ausstehen kann.[32]

Dies zeigt, dass auch der Ich-Erzähler nicht in die Gesellschaft eingegliedert ist. Durch seine Aufenthalte in Krankenhäuern und das gezwungene Pendeln zwischen Wien und Nathal hat er keinen wirklich festen Platz in der Gesellschaft. Diesen festen Platz sucht Thomas Bernhard aber auch nicht in der Gesellschaft, da er sie selber nicht akzeptiert. Selbst Preisverleihungen seien nicht ehrbar für einen Künstler sondern vielmehr erniedrigender. Die Ehre solcher Preisverleihungen sei nur Schein. In Wahrheit interessiert und kennt die Gesellschaft die Künstler kaum oder gar nicht.[33]

Neben Irina hat der Protagonist nur seinen besten Freund Paul Wittgenstein. Dieser war es auch wer ihn über seine Depressionen und starke Melancholie hinweggeholfen und seine Selbstmordgedanken verdrängt hat.[34]

Thomas Bernhard zieht als Geistesmensch seine Energie aus seinen Krankheiten. Er bezeichnet sich selber als verrückt, allerdings beherrsche er seine Verrücktheit und nütze sie aus. Die Lungenkrankheit und die Verrücktheit sei seine Existenzquelle und dadurch sei er zu seiner Kunst gekommen.[35]

7. Unterschiede & Gemeinsamkeiten der beiden Protagonisten

Wenn man die beiden Protagonisten in Thomas Bernhards „Wittgensteins Neffe" Paul Wittgenstein und der Ich – Erzähler Thomas Bernhard miteinander vergleicht weisen sie auf den ersten Blick sehr viele Parallelen auf. Beide Personen sind nicht in die Normalität der Gesellschaft eingegliedert und stellen sich selber bewusst gegen ihre Umwelt. Beide Personen haben keinen festen Platz in ihrer Umwelt, da sie oft durch ihre Krankheiten in der Psychiatrie oder in einer Lungenheilanstalt befinden. Beide grenzen sich über ihre jeweiligen Krankheiten von der gesunden Umwelt ab. Auch der Grund weshalb sie krank geworden sind ist bei beiden gleich: Paul sei verrückt geworden, da er sich gegen alles gestellt hätte und Thomas sei

---

[32] Vgl. Bernhard: Wittgensteins Neffe, S.138ff
[33] Vgl. Bernhard: Wittgensteins Neffe, S.106ff.
[34] Vgl. Bernhard: Wittgensteins Neffe, S.129ff.
[35] Vgl. Bernhard: Wittgensteins Neffe, S.34ff.

lungenkrank geworden da er sich auch gegen alles gestellt hätte und beide seien dadurch naturgemäß umgeworfen worden.[36]

Auch haben beide die gleichen verrückten Ticks. So sind sie beide nie lange an einem Ort glücklich und pendeln stetig zwischen Städten. Diese Unstetigkeit zeigt auch wieder, dass beide keinen festen Platz in der Gesellschaft haben und Randfiguren darstellen. Sie sind beide nur zwischen den Orten wirklich glücklich.

Eine weitere Gemeinsamkeit ist ihr Vergnügen, Leute zu beobachten. Dabei suchten sie sich den Beobachtungsort so geschickt aus, dass sie alles sahen, aber von sonst niemandem gesehen werden konnten.[37]

Eine weitere Parallelität stellt die gemeinsame und jeweils einzige Freundin Irina dar. Sie verlieren aber den Kontakt zu ihr, als sie auf das Land zieht. Das Interesse an der Kunst und an der Musik teilen auch beide. So sind das auch die Themen über die sie sich meistens austauschten.

Zu Beginn des Buches „Wittgensteins Neffe" sind die Parallelen, dass beide Protagonisten sich im Krankenhaus befinden. Thomas Bernhard befindet sich im Pavillon Hermann und ist dort durch seine Lungenkrankheit. Paul Wittgenstein befindet sich in der psychiatrischen Abteilung im Pavillon Ludwig. Beide sind zu dieser Zeit dem Tode nahe. Thomas Bernhard bezeichnet sich selber als mindestens genauso verrückt wie seinen Freund Paul Wittgenstein.[38]

Ihre Kraft ziehen beide aus ihren Krankheiten, da sie Geistesmenschen sind. So beschreibt Thomas Bernhard, dass seine Verrücktheit und Lungenkrankheit seine Existenzquelle darstellt und er nur durch sie zu seiner Genialität gelangt ist.[39]

Dennoch sind die beiden Protagonisten zwei völlig unterschiedliche Charaktere. Thomas Bernhard zieht seine Energie zwar aus seinen Krankheiten. Er ist sich aber der Gefahr des Wahnsinns und des Todes bewusst und kann seine Krankheiten und Ticks beherrschen. So lässt er sich zum Beispiel durch seinen Zähltick nicht beeinträchtigen Straßenbahn zu fahren, sondern schaut geschickt auf den Boden. Paul hingegen wird von seiner Verrücktheit vollkommen beherrscht und es ist im nicht bewusst ob und wann er die Grenze zum Wahnsinn überschritten hat. Paul ist vollkommen in seiner Verrücktheit aufgegangen. Thomas Bernhard beschreibt, dass der Kopf von Paul einfach irgendwann explodiert sei, da er mit dem Herauswerfen seines Geisteswesens nicht mehr nachgekommen sei.[40]

---

[36] Vgl. Mittermayer: Thomas Bernhard, S.108.
[37] Vgl. Bernhard: Wittgensteins Neffe, S.100.
[38] Vgl. Bernhard: Wittgensteins Neffe, S.35.
[39] Vgl. Bernhard: Wittgensteins Neffe, S.34ff.
[40] Vgl. Bernhard: Wittgensteins Neffe, S.39.

Eine Unterscheidung muss auch hinsichtlich ihrer Freundschaft untereinander durchgeführt werden. Sowohl Paul als auch Thomas bezeichnen den jeweils anderen als besten Freund. Aber dennoch hat es den Anschein, dass die Freundschaft von Paul ausgeprägter ist. Paul hilft Thomas Bernhard zu Beginn der Freundschaft über seine Depressionen hinweg und ist der Grund weshalb Thomas Bernhard keinen Selbstmordversuch begeht. Am Ende des Buches steht Paul vor seinem Tod und Thomas ist ihm letztlich als seine einzige Bezugsperson geblieben. Dennoch besitzt Thomas nicht den Mut um seinen Freund in seinen letzten Tagen und Stunden beizustehen. Die Angst mit dem Tod direkt konfrontiert zu werden bezwingt ihn. Als Resümee über Paul beschreibt Thomas Bernhard, dass er die Freundschaft zu Paul als eine 12 jährige Sterbensgeschichte gesehen hat und er seinen Nutzen daraus gezogen hat.[41]

Abschließend kann man sagen, dass Paul Wittgenstein als Philosoph und Schriftsteller in seiner Existenz vollkommen gescheitert ist und am Ende des Buches verrückt und unproduktiv stirbt. Thomas Bernhard hingegen kann seine Verrücktheit selber kontrollieren und ist produktiv und erfolgreich.[42]

Eine Parallele kann somit zwischen dem Ich- Erzähler Thomas Bernhard und dem oft im Buch erwähnten Philosophen Ludwig Wittgenstein hergestellt werden. Auch Ludwig Wittgenstein wird als verrückter Geistesmensch beschrieben, welcher aber auch durch seine Krankheit zu seinem Erfolg gefunden hat. Er beherrscht genauso wie Thomas Bernhard seine Krankheit und wird nicht von ihr beherrscht. So könnte man vermuten, dass sich der Autor Thomas Bernhard mit dem erfolgreichen Ludwig Wittgenstein identifiziert.[43]

8. Fazit

Es kann festgehalten werden, dass Thomas Bernhard in seinen Schriften sehr häufig Krankheitsmotive verwendet. Dies folgt daher, da er selbst an einer Krankheit leidet und auch in seinem sonstigen Umfeld oft mit Krankheiten konfrontiert wurde.

Die Kranken in seinen Werken müssen nach Geistesmenschen und „Gefühls- und Tatmenschen" aufgeteilt werden um zu verstehen aus welchen Gründen sie krank geworden sind und on sie aus der Krankheit Nutzen ziehen oder nicht.

In dem Buch „Wittgensteins Neffe" sind die zwei Protagonisten zwei komplett unterschiedliche Persönlichkeiten mit verschiedenen Krankheiten, auch wenn auf den ersten Blick die Krankheitsbilder identisch erscheinen.

Der Ich- Erzähler Thomas Bernhard ist der erfolgreiche Geistesmensch, der aus seinen Krankheiten Kraft schöpft und sie beherrscht. Paul Wittgenstein hingegen findet in seiner

---

[41] Vgl. Bernhard: Wittgensteins Neffe, S.160ff.
[42] Vgl. Anz: Gesund oder Krank?, S.167.
[43] Vgl. Anz: Gesund oder Krank?, S.167.

Krankheit auch Motivation und neue Energie, dennoch wird er von seiner Krankheit beherrscht und übertritt die Kippkante in den Wahnsinn.

9. Literaturverzeichnis

Primärseite

Bernhard Thomas: Wittgensteins Neffe: eine Freundschaft. Frankfurt am Main: Suhrkamp 1987.

Bernhard Thomas: Der Atem, Eine Entscheidung. Berlin: Verlag Volk und Welt 1980.

Forschungsliteratur

Anz Thomas: Gesund oder krank? Medizin, Moral und Ästhetik in der deutschen Gegenwartsliteratur. Stuttgart: Metzler 1989, S. 159-169.

Fraund Thomas: Bewegung - Korrektur - Utopie: Studien zum Verhältnis von Melancholie und Ästhetik im Erzählwerk Thomas Bernhards. Frankfurt am Main: Peter Lang 1986.

Jurdzinski Gerald: Thomas Bernhards metaphysische Weltdeutung im spiegel der Philosophie Schopenhauers. Frankfurt am Main: Peter Lang 1984.

Mittermayer Manfred: Thomas Bernhard. Stuttgart, Weimar: Metzler Verlag1995.

Jahraus Oliver: Das "monomanische" Werk : eine strukturale Werkanalyse des Oeuvres von Thomas Bernhard. Frankfurt am Main: Peter Lang 1992.

Jahraus Oliver: Die Wiederholung als werkkonstitutives Prinzip im Oeuvre Thomas Bernhards. Frankfurt am Main: Peter Lang 1991.

BEI GRIN MACHT SICH IHR WISSEN BEZAHLT

- Wir veröffentlichen Ihre Hausarbeit, Bachelor- und Masterarbeit

- Ihr eigenes eBook und Buch - weltweit in allen wichtigen Shops

- Verdienen Sie an jedem Verkauf

Jetzt bei www.GRIN.com hochladen und kostenlos publizieren

Lightning Source UK Ltd.
Milton Keynes UK
UKHW030625271021
392923UK00011B/1128